CAPO NEGRO

Nom : Souza de Oliveira
Prénom : Santos Armando

Nationalité : Brésilienne
Âge : 28 ans

Taille : 2m04
Poids : 126 kg

Métier : Responsable de la sécurité "réseau" de la CUB
Loisir : Capoeira, cinéma, beach-volley

Né dans la cité de Dieu, une des plus grandes favelas de Rio, il découvrit internet sur des ordinateurs volés. Sa grande taille et sa force le firent remarquer par la police qui l'embaucha sans sommation. Mais il en eut un jour assez de devoir tirer sur ses anciens amis et déserta pour les États-Unis où il trouva un emploi à la CUB.

BILESHA

Nom : Bilesha
Prénom : Inconnu

Nationalité : Anglaise
Âge : Inconnu

Taille : 1m59
Poids : 42 kg

Métier : Responsable de la sécurité "physique" de la CUB
Loisir : Inconnus

Aucun fichier n'a été retrouvé à son sujet.

PEPE MARCOS

Nom : Ultranza
Prénom : Marcos

Nationalité : Indienne
(a brûlé sa carte d'identité mexicaine)
Âge : 62 ans

Taille : 1m69
Poids : 51 kg

Métier : Néant
Loisir : La révolution

Il est né dans la décharge de Tijuana où s'entassaient des familles indiennes lors de la famine due à l'arrêt des allocations de terres empruntées. C'est sûrement cette jeunesse très dure qui est à l'origine de son caractère rebelle qui ne le quittera jamais. Il éduqua ses enfants dans le même esprit et les perdit un à un pour la cause. De sa famille, il ne reste que Xalca, et il la chérit comme l'or des cités qu'on a volé à son peuple.

FLEAU WORLD

NON SEULEMENT TU PASSES TOUT TON TEMPS SUR TON MAUDIT RÉSEAU, MAIS EN PLUS TON ATTIRAIL FAIT SAUTER LES PLOMBS SANS ARRÊT !!

C'EST VRAIMENT CE QU'ON APPELLE UN RETOUR DANS LA VRAIE VIE DE MERDE...

INTERVIEW

Ils ne se sont jamais rencontrés. Et pourtant ils se connaissent sur le bout des claviers : Mattéo Succo et Yitzhak Arcadinowitz, créateurs du jeu Fléau, parlent le même langage (informatique) et nous prouvent que virtualité et réalité sont plus proches qu'il n'y paraît. Rencontre (virtuelle ?) sur notre site...

MATTEO SUCCO

AGE : 21 ANS
DOMICILE : PARIS

Mattéo, vous avez 21 ans et vous vivez à Paris. Votre amour des jeux virtuels ne ressemblerait-il pas plus à un comportement de dilettante qu'à la volonté de créer ?

Je vis à Paris... parfois. Disons que mon point de chute est un squat artistique de la rue de Tocqueville. Mais c'est assez peu confortable, rempli de mecs et sans électricité. Or, il se trouve que j'ai besoin exactement du contraire de ça (rires) ! Pour la seconde partie de la question, c'est un peu comme la poule et l'œuf. Je me suis déjà trituré le cervelet en essayant de creuser le sujet, mais je n'ai pas trouvé de réponse claire. Parce que déjà à l'école, je ne pensais qu'à jouer et dessiner mes héros préférés... Mais mes parents n'était pas d'accord, c'est pour ça que j'ai commencé à fuguer quand ils ont voulu m'obliger à bosser.
L'État est bien plus cool que les parents... Il refile le R.M.E. sans trop de contreparties. Ça me convient mieux.
Alors, du coup, j'ai le temps de me consacrer à la création graphique d'univers. C'est tranquille.
Sans doute que si j'avais besoin de bosser, je créerais moins. Mais c'est le cas de tout le monde, non ?

On sent chez vous le besoin de quitter votre quotidien, de jouer un autre personnage, un rôle de chevalier. Pas un peu puéril, tout ça ?

Cette question venant d'un fanzineux du net me fait bien marrer ! Si je suis puéril ? Disons que je n'ai pas les mêmes centres d'intérêt que les adultes des générations d'avant. La société étant moins dure qu'avant (quoi qu'on en dise, je persiste à penser que tout n'était pas mieux avant), on a moins à lutter pour notre survie. Alors on se consacre à l'essentiel : les loisirs. Finalement, ça n'emmerde que les jaloux qui auraient aimé être à notre place... Les pauvres, ils ont dû bosser comme des dingues pour payer leur minable pavillon

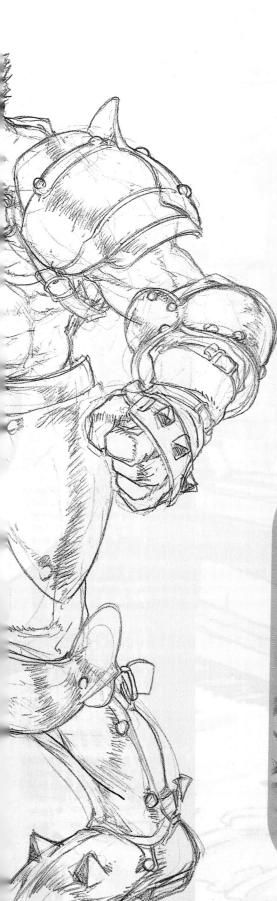

de banlieue, aujourd'hui tout décrépit. Presque, je les plains. Presque, parce que, quelque part s'ils l'ont fait, c'est qu'ils l'ont bien voulu, aussi. Et moi, je veux pas. Alors oui, déchargé de ces obligations, je dois paraître puéril. Mais mon taf est-il finalement moins intéressant que de réparer des voitures ou construire des radiateurs ? je ne crois pas. À chacun son point de vue. Celui des autres, je m'en branle.

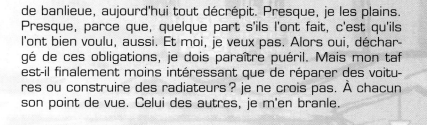

La drague, pour vous, c'est du… virtuel ?

Y a rien de plus concret, je te jure !

Ça, pour sûr, ça n'a rien de puéril. C'est un vrai boulot d'aborder une fille de la bonne manière, sans la choquer ni rien. Faut trouver les bons angles d'attaque, être toujours à la limite du *too much* sans dépasser les bornes. Mine de rien, je progresse. Je ne prends pas trop de râteaux, parce que je sais à qui je m'attaque. Y a une catégorie toute chaude pour moi, je n'en sors pas trop. Pas par fainéantise, mais parce que je dois séduire à coup sûr. Comme je l'ai dit plus haut, j'aime mieux les apparts que le squat. Et ce sont les filles que je convaincs qui me logent. Tu vois, en plus de tous mes défauts, tu vas pouvoir rajouter "gigolo". Sauf que je crois que tout le monde y trouve son compte.

Quand j'aurai un meilleur standing, je passerai à la catégorie supérieure, mais j'ai le temps.

Il se dit sur certains réseaux que vous auriez été approchés par un grand groupe pour développer votre jeu : info ou intox ?

J'ai vu ça en me connectant la dernière fois. Mais j'ai pas encore répondu, j'attends d'avoir l'avis d'Arcady. Mais moi, ça ne m'excite pas spécialement. On fait du bon boulot à deux, et quand on aura finalisé le projet, on pourra en tirer encore plus… Faire jouer la concurrence. Ma vie me va pour le moment, pas d'angoisse. Alors je crois qu'on va laisser filer un peu. Au pire, ça va les énerver, et ils nous proposeront plus ; on n'a rien à perdre. J'espère que le père Yitzhak sera en phase avec moi…

En quoi elle vous déplaît, la réalité ?

Elle me déplaît pas tant que ça, mais elle me gave. Y a trop de trucs à gérer dont j'ai rien à foutre. La paperasse et tout, ça m'en touche une sans faire bouger l'autre. Pourquoi on a besoin de s'occuper de tout ça, ça prend un temps fou, et c'est pas du tout enrichissant pour la personnalité. Des fois je m'y mets, et puis ça me gonfle, alors j'arrête et j'oublie. Du coup il faut ensuite que je coure partout pour rattraper le retard. Franchement, c'est plus simple dans notre concept. Je crois que ça fera bien kiffer les branlos de mon genre.

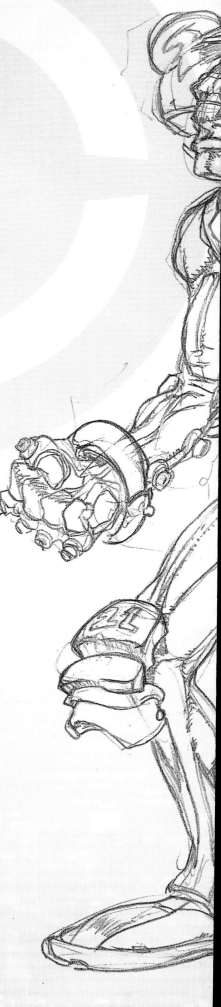

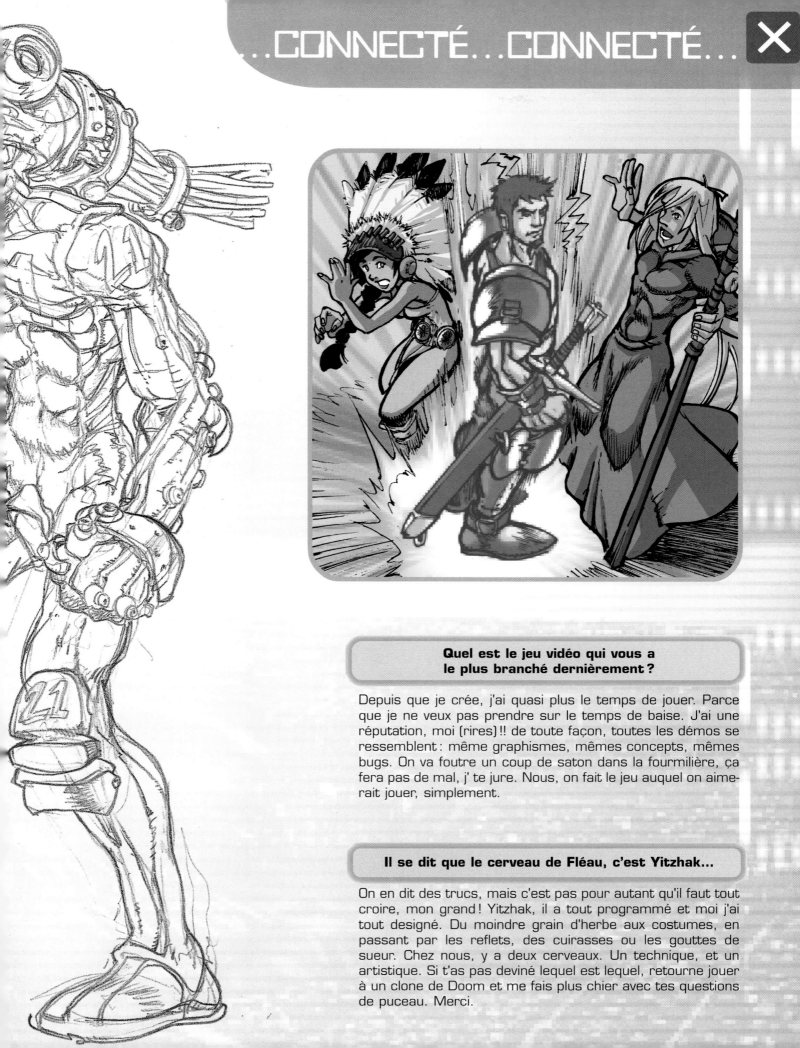

Quel est le jeu vidéo qui vous a le plus branché dernièrement ?

Depuis que je crée, j'ai quasi plus le temps de jouer. Parce que je ne veux pas prendre sur le temps de baise. J'ai une réputation, moi (rires)!! de toute façon, toutes les démos se ressemblent : même graphismes, mêmes concepts, mêmes bugs. On va foutre un coup de saton dans la fourmilière, ça fera pas de mal, j' te jure. Nous, on fait le jeu auquel on aimerait jouer, simplement.

Il se dit que le cerveau de Fléau, c'est Yitzhak...

On en dit des trucs, mais c'est pas pour autant qu'il faut tout croire, mon grand ! Yitzhak, il a tout programmé et moi j'ai tout designé. Du moindre grain d'herbe aux costumes, en passant par les reflets, des cuirasses ou les gouttes de sueur. Chez nous, y a deux cerveaux. Un technique, et un artistique. Si t'as pas deviné lequel est lequel, retourne jouer à un clone de Doom et me fais plus chier avec tes questions de puceau. Merci.

YITZHAK ARCADINOWITZ

AGE : 28 ANS
DOMICILE : BETHLEEM

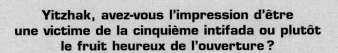

Yitzhak, avez-vous l'impression d'être une victime de la cinquième intifada ou plutôt le fruit heureux de l'ouverture ?

Je suis tout cela, assurément. Petit, j'ai souffert de ne pas pouvoir sortir de chez moi, mais cela m'a permis de progresser considérablement en informatique. Et cela m'est très utile aujourd'hui. Les choses sont toujours plus ambiguës qu'elles ne le semblent au premier abord. Je n'aurais pas ce que j'ai si je n'avais pas manqué ce que je n'ai pas eu... Le tout, c'est d'essayer de vivre bien avec ses manques. Peut-être aurais-je besoin, à un moment de ma vie, de compenser en vivant une adolescence tardive, allez savoir... Je verrai bien plus tard. Mais pour l'instant, je ne peux pas me laisser distraire du présent. Parce que c'est vraiment cela qui va décider de mon futur. Certains appellent ça des sacrifices, moi j'emploierais plutôt le mot de prévoyance.

Avez-vous pardonné à ceux qui ont tué votre père ?

Disons que j'ai passé des années à essayer de les comprendre, et je n'y suis pas arrivé. Je me demande pourquoi, vivant dans la souffrance, ils ne cherchent qu'à la prolonger pour leurs enfants en empêchant toute avancée du processus de paix.
Mon père n'est pas un cas isolé, ce groupuscule a tué plus de 25 personnes. Et pardonner à petite échelle (la mienne) signifierait que je pardonne aussi à grande échelle. Or, cela ne m'appartient pas. La douleur des autres familles vaut la mienne.
Nous offrons tous, des deux côtés, des armées. Et il suffit de 15 % d'extrémistes pour que ça continue sans cesse. Mais même si on les trouvait pour les descendre, leurs familles seraient malheureuses, et certaines seraient revanchardes. Comment en sortir ? Ce n'est pas à moi de le dire, et tant mieux, parce que je n'en sais rien !

Pensez-vous bientôt rencontrer Mattéo, pour de vrai ?

Peut-être, mais ça n'a rien de vital à vrai dire. Nous nous entendons très bien via le réseau, et cette relation en vaut bien une autre. Nous avons confiance l'un en l'autre pour créer un jeu entier, sans contrat ni quoi que ce soit d'autre. Si j'osais un bon mot, je dirais que malgré les apparences, notre amitié n'a rien de virtuel.

On a la sensation que vous êtes Merlin, et Mattéo, Arthur. Certains vous appellent le magicien, non ?

C'est normal, parce que j'en suis un... J'arrive apparemment à programmer des choses avec mes logiciels que personne ne parvient à faire. Même ceux qui les ont créés, c'est dire. Pour certains, c'est de la magie. Mais pour moi, c'est tout à fait normal. Je veux dire par là que nous avons chacun notre propre système de valeur, et je ne peux en aucun moyen m'extasier sur ce que je fais, puisque je les fais naturellement... Vous comprenez ?
Cela m'empêche aussi d'avoir la grosse tête, puisque cela m'empêche de me sentir supérieur. Je réalise ce dont j'ai besoin, point. Je ne cherche jamais à faire mieux que les autres juste par goût de la performance.

INTERVIEW

Que voulez-vous atteindre grâce à votre jeu ?

La réalité. À terme, nous désirons que nos joueurs puissent s'immerger dans notre univers comme s'ils y vivaient depuis toujours. Tout y sera a priori possible, même ne rien faire, ce qui est un luxe ultime !! Nous organiserons sans cesse des missions, créerons des ennemis, et autres personnages de routine utiles pour le jeu. Car je doute que beaucoup de *gamers* décident de devenir éboueurs. Et pourtant, il en faudra.

C'est un monde que nous voulons développer, cela nous prendra sûrement une vie entière. Mais je crois que le projet en vaut la chandelle.

Peut-être qu'avec le temps, nous ferons grossir l'équipe, et que nous chercherons des capitaux. Mais cela me semble trop tôt. Il faut tout d'abord que nous soyons assez fort pour construire un concept que personne ne pourra pervertir. Pour cela, il faudra qu'il soit bétonné comme aucun autre... et il n'y a qu'à nous deux que nous pourrons le faire efficacement.

Quel serait votre pire cauchemar ?

Que des joueurs introduisent des religions et autres sectes ! Je serai personnellement très vigilant par rapport à cela, bien placé que je suis pour savoir à quel point elles peuvent pourrir même le plus utopique des mondes. C'est pour cela que, malgré notre rôle prépondérant, nous ne nous prendrons jamais pour des dieux. En devenir un et voir les gens combattre en mon nom sans que je puisse rien faire serait plus que cauchemardesque... Si Dieu est mort, comme disent certains, je suis sûr qu'il ne l'est pas de cause naturelle. Il s'est suicidé, vous pouvez me croire !

Jean-François Morbesc

SCÉNARIO
MORVAN

DESSIN
WHAMO

COULEUR
LEROLLE

FLEAU
.WORLD

TOME 1
CONCEPTION

fictions
DARGAUD

PARIS • BARCELONE • BRUXELLES • LAUSANNE • LONDRES • MONTREAL • NEW YORK • STUTTGART

Lettrage : Ségolène Ferté
www.dargaud.com
Conception graphique : Philippe Ravon

4

UN PROBLÈME EN SORTIE DE FUGUE VIRTUELLE !

TOUT VA BIEN, MONSIEUR ?!

ÇA VA, ÇA VA, DÉGAGEZ !

J'AI BESOIN DE LE VOIR AU PLUS VITE !

ALORS, CAPO, VOTRE PIRATE INFORMATIQUE VOUS A ÉCHAPPÉ ? JE SUIS SURPRISE ; UN PROFESSIONNEL DE LA TRAQUE DANS LE CYBERESPACE TEL QUE VOUS...

OCCUPEZ-VOUS DE CE QUI VOUS REGARDE, BILESHA, ET PRENEZ-MOI UN RENDEZ-VOUS AVEC MISTER CUB.

GRRR

JE SUIS DÉSOLÉE, J'ESPÉRAIS AVOIR EU LE TEMPS DE TOUTES LES SHUNTER...

MAIS AVANT DE FINIR MON PIRATAGE, LE CHEF DES PSY-COPS DE LA CUB M'EST TOMBÉ DESSUS.

JE L'AI DÉCROCHÉ APRÈS AVOIR ÉCHOUÉ DANS UN ÉTRANGE SITE HYPERRÉALISTE. IL FAUDRA QUE J'ESSAYE D'Y RETOURNER POUR REMERCIER LE GARÇON QUI M'A AIDÉ.

UN INDIEN ?

NON, NON. JE NE CROIS PAS...

J'AI ESSAYÉ DE LE SEMER DANS LES CIRCONVOLUTIONS DU RÉSEAU MAIS C'EST UN VRAI PRO.

IL VOULAIT BRISER MES PROTECTIONS POUR SAVOIR QUI J'ÉTAIS ET D'OÙ J'ÉMETTAIS.

MAIS ! TU NE M'AVAIS PAS DIT QUE ÇA S'ÉTAIT SI MAL PASSÉ !

C'EST HORRIBLE !!

OÙ VAS-TU ?

AIDER À LES SOIGNER, JE ME SENS COUPABLE.

LES BRAVES SAVENT CE QU'ILS RISQUENT, CEUX QUI SONT MORTS AUJOURD'HUI LE SONT POUR NOTRE IDÉAL.

LA FEMME DES PERPÉTUELS CHANGEMENTS LES ACCUEILLERA À SES CÔTÉS DANS LE CIEL.

SEULE LA RÉUNIFICATION POURRA LES VENGER, ALORS, S'IL TE PLAÎT, EXAMINE PLUTÔT LE MATÉRIEL.

NOUS N'AVONS PAS TANT DE TEMPS QUE ÇA...

BON, ALORS, DANS CE CAS, JE NE VOIS VRAIMENT PAS CE QUI PEUT M'Y RETENIR !

MOI...

CE N'EST PAS CE QUE JE VOULAIS DIRE, JE...

C'EST EXACTEMENT CE QUE J'AI ENTENDU, EN TOUT CAS !

C'EST... C'EST JUSTE QUE J'AIMERAIS QUE TU SOIS UN PEU PLUS PRÉSENT DE TEMPS EN TEMPS. LES COURSES, LA VIE QUOTIDIENNE...

C'EST LA MEILLEURE. SI JE SUIS AVEC TOI, CE N'EST PAS POUR QUE TU ME RETIENNES, AU CONTRAIRE !!

JE TE PROUVE QUE JE NE SUIS ENCORE QU'UN ADOLESCENT ATTARDÉ. VU QUE C'EST CE QUE TU PENSES, TU DOIS ÊTRE CONTENTE D'AVOIR RAISON, NON ?

HOLÀ, LE COUPLET "JE NE TE DEMANDE POURTANT PAS GRAND-CHOSE", MAINTENANT.

C'EST À CAUSE DE ÇA QUE J'AVAIS FUGUÉ DE CHEZ MES PARENTS À 14 ANS.

QUE... QU'EST-CE QUE TU FAIS ?

MATTÉO, EXCUSE-MOI... REVIENS... JE... JE T'AIME.

SÛREMENT MOINS QUE JE NE M'AIME. TU AS ENCORE PERDU, MA PAUVRE.

FAIS UN TAS DE MES AFFAIRES, JE VIENDRAI LES RÉCUPÉRER UN DE CES QUATRE.

SLAM

12

BIEN...

...ALORS À PLUS, MATTÉO, HEIN...

ABRACADABRA !!

LES PARTICULES JAUNES SONT LES RÉSIDUS D'AVATARS DE MATTÉO, LES VERTS CEUX DU BARBARE.

CE SONT DONC LES ROUGES QUI M'INTÉRESSENT !!

N'EST-CE PAS QUE VOUS ALLEZ ÊTRE GENTILS ET ME RÉVÉLER L'ENDROIT D'OÙ VOTRE "MAÎTRESSE" S'EST CONNECTÉE ?

ALLEZ, ALLONS VOUS ANALYSER DANS LE VRAI !!!

11.

IL ME SUFFIT DE LUI LAISSER LES CODES D'ACCÈS SUR SA MESSAGERIE ET...

C'EST ENFIN ARRIVÉ ? PARFAIT !!

JE PASSE LES PRENDRE D'ICI UNE HEURE. MERCI !

CLIC

ALLÔ ?

TAP!

return enter

DÉCIDÉMENT, C'EST MON JOUR DE CHANCE !!

YITZHAK ?!

OUI, MAMAN ?

OÙ VAS-TU, MON FILS ?

CHERCHER DU MATÉRIEL INFORMATIQUE HI-TECH EN CENTRE-VILLE. DE QUOI DOUBLER MA VITESSE DE NAVIGATION, TU TE RENDS COMPTE ?!

POURQUOI TU NE TE LE FAIS PAS LIVRER ? LES ÉLECTIONS APPROCHENT ET CE N'EST PAS TRÈS PRUDENT DE SORTIR DE LA PROPRIÉTÉ.

TU SAIS CE QUI EST ARRIVÉ À TON PÈRE...

OUI, MAMAN. JE NE RISQUE PAS DE L'OUBLIER...

...MAIS J'AI BESOIN DES DÉTAILS TECHNIQUES DU VENDEUR.

NE T'INQUIÈTE PAS, JE REVIENS VITE !

ET PUIS SURTOUT, J'AI BESOIN D'UN PEU D'AIR...

13.

J'EN AI VISITÉ DES UNIVERS VIRTUELS, MISTER CUB... ET POURTANT, JE N'EN AVAIS JAMAIS VU D'AUSSI PARFAIT !!

LE RENDU EST EXCEPTIONNEL, DIFFICILE DE CROIRE QU'IL S'AGIT DE SYNTHÈSE. LE MOTEUR 3D EST SANS CONTESTE LE PLUS ÉVOLUÉ JAMAIS CONÇU.

ET ENCORE, NOUS NE VISION-NONS QUE CE QUE LA FAIBLE RÉSERVE DE MA CAMÉRA ORBITALE A PERMIS D'ENREGISTRER...

SANS PARLER DE L'INTERFACE SENSITIVE QUI EST TOUT BONNEMENT SENSATIONNELLE. ON SENT JUSQU'À L'ODEUR DE SES ADVERSAIRES.

ET SELON VOUS, CAPO, IL AURAIT ÉTÉ RÉALISÉ PAR DES BIDOUILLEURS INDÉPENDANTS ?

C'EST L'ÉVIDENCE, MISTER CUB. CE SITE NE CORRESPOND NULLEMENT AUX NORMES DE SÉCURITÉ IMPOSÉES AUX ENTREPRISES COMMERCIALES.

INESPÉRÉ...

C'EST LÀ QUE LE BÂT BLESSE, MISTER CUB. IL S'AGIT D'UN SITE NOMADE, QUI CHANGE SANS ARRÊT D'ADRESSE SUR LE RÉSEAU.

SUR CETTE BASE PROMETTEUSE, MES INGÉNIEURS POURRAIENT TRÈS RAPIDEMENT METTRE EN PLACE UN JEU EXTRAORDINAIRE.

CELA PERMETTRAIT DE FAIRE REMONTER LE COURS DES ACTIONS DE LA CUB ET RASSURERAIT LES ACTIONNAIRES. JE N'AIMERAIS PAS ME FAIRE VIRER DE MA PROPRE ENTREPRISE PAR CES TOCARDS.

OUI, DÉCIDÉMENT, CES JEUNES CRÉATEURS M'INTÉRESSENT...

POURRIEZ-VOUS LES CONTACTER ?

J'Y SUIS ENTRÉ PAR HASARD, ALORS QUE JE POURSUIVAIS CETTE HACKER QUI TENTAIT DE PIRATER LES DISQUES DURS DE VOTRE ENTREPRISE. MAIS IL EST QUASI IMPOSSIBLE DE RETOMBER DESSUS DIRECTEMENT.

C'EST VOTRE MÉTIER, MON VIEUX CAPO. NE ME DÉCEVEZ PAS !

JE PEUX FAIRE QUELQUE CHOSE, MOI !

CE PROGRAMME EST TELLEMENT PUISSANT QU'IL ANNIHILE MÊME LES CAMOUFLAGES VIRTUELS LES PLUS SOPHISTIQUÉS.
C'EST POUR ÇA QUE JE ME SUIS RETROUVÉ HABILLÉ EN BARBARE MAURE. MAIS ÇA M'A PERMIS D'ENREGISTRER LES VRAIS VISAGES DES GENS PRÉSENTS.

MISTER CUB !

OUI ?

SI LES DEUX GARÇONS NE SONT FICHÉS NULLE PART, CE N'EST PAS LE CAS DE MA HACKER.

XALCA, FILLE DE CHE ULTRANZA, UN ACTIVISTE INDIEN EXÉCUTÉ IL Y A 10 ANS PAR L'ARMÉE MEXICAINE.

TU... TU AS FOUINÉ DANS MES FICHIERS SANS MON AUTORISATION !!!

VU QUE TU NE ME L'AURAIS PAS DONNÉE, J'AI BIEN FAIT, NON ?

ESPÈCE DE...

SUFFIT !

JE NE VEUX PAS ENTENDRE PARLER DE CES CONFLITS DE SERVICES. VOUS TRAVAILLEZ TOUS LES DEUX À LA SÉCURITÉ DE MON ENTREPRISE, CAPO DANS LE FAUX, ET BILESHA DANS LE VRAI.

SUR CETTE AFFAIRE, IL S'AGIT AVANT TOUT D'ÊTRE EFFICACE, ALORS VOUS VOUS PASSEREZ TOUS – JE DIS BIEN TOUS – LES ÉLÉMENTS QUI PERMETTRONT DE CONTACTER LES CRÉATEURS. COMPRIS ?

À VOTRE SERVICE, MISTER CUB.

J'AIME MIEUX ÇA. CONTINUEZ.

15

SON MOUVEMENT TERRORISTE EST CONSTITUÉ DE PLUSIEURS TRIBUS INDIENNES TENTANT DE SE REGROUPER POUR REGAGNER LEURS TERRITOIRES SPOLIÉS.

EN QUOI UN RÉSUMÉ DIGNE DE CNN SAT EST-IL CENSÉ M'INTÉRESSER ?

LES DEUX CHEVALIERS DES TEMPS MODERNES L'ONT AIDÉE, ILS PEUVENT AUSSI LUI AVOIR LIVRÉ LES CODES D'ACCÈS...

IL NE VA PAS SUFFIRE DE LUI ENVOYER UN E-MAIL POUR QU'ELLE PARLE !!

LAISSEZ-MOI LA TRAQUER, ET JE LUI FERAI CRACHER LE MORCEAU !

LE NOYAU DUR SE PLANQUE DANS UN DES NOMBREUX BIDONVILLES DE MEXICO.

RIDICULE !! LA DEA LES PISTE DEPUIS DES ANNÉES SANS SUCCÈS.

JE PENSE QUE C'EST SON GROU-PUSCULE QUI A VOLÉ CE CAMION DE MATÉRIEL. EN FAISANT PARLER LES MOUCHARDS, J'AI UNE CHANC...

HUM !

ET SI JAMAIS TU TUES XALCA DANS L'ASSAUT, MISTER CUB NE SERA PAS PLUS AVANCÉ.

C'EST EFFECTIVEMENT RISQUÉ.

ADMETTONS, MAIS APRÈS ?! TU VAS DONNER L'ASSAUT À UN NID DE TERRORISTES TOUTE SEULE ?

AVEC MES DRONES DE COMBAT, SANS PROBLÈME. CEUX DES SERVICES OFFICIELS N'ARRIVENT PAS AU ROULEMENT À BILLES DES MIENS !!

MAIS SI NOUS N'AVONS PAS D'AUTRE SOLUTION, IL FAUDRA BIEN S'Y RÉSOUDRE. VOILÀ CE QUE NOUS ALLONS FAIRE...

CAPO, VOUS ALLEZ CHERCHER CETTE PETITE DANS LE FAUX. ET ME FAIRE CIR-CULER UN MESSAGE SUR LE RÉSEAU MON-DIAL DEMANDANT À CES PETITS GÉNIES DE ME JOINDRE, AVEC RÉCOMPENSE ET TOUT LE TOUTIM.

ET SI DANS QUATRE JOURS NOUS N'AVONS PAS DE NOUVELLES, BILESHA TENTERA SON COUP DE FORCE DANS LE VRAI.

C'EST DONC LE TEMPS DONT VOUS DISPOSEZ POUR LA LOCALISER.

JE NE VEUX PAS QUE CETTE OPPORTUNITÉ ME PASSE SOUS LE NEZ. OU PIRE...

... QU'ELLE TOMBE AUX MAINS DE LA CONCURRENCE.

16.

17.

19

19.

PRESQUE FINI... J'AI BIEN MÉRITÉ D'ALLER CHECKER MES E-MAILS.

DES DIZAINES DE MESSAGES DE HACKERS, COMME D'HAB ET... TIENS, YITZHAK ARCADINOWITZ. JE NE CONNAIS PAS CE NOM.

De Yitzhak A. à Xalca U.

Mademoiselle, nous nous sommes croisés tout à l'heure dans mon univers avant que vous ne tombiez dans le vide. Si par chance vous aviez envie de repasser, je vous fournis les codes confidentiels.

À bientôt j'espère.
Arcady

GÉNIAL !!

...orisé...Accès Autorisé...Accès Au

21.

23

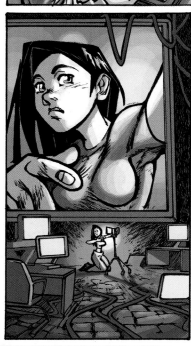

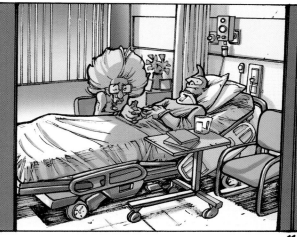

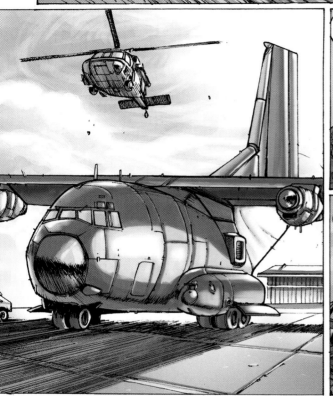

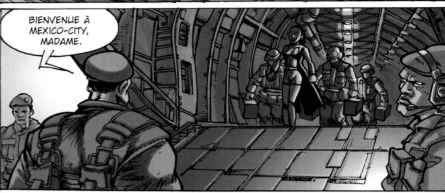

BIENVENUE À MEXICO-CITY, MADAME.

MADEMOISELLE, GÉNÉRAL INNECESSARIO.

ALORS, COMME ÇA, VOUS AVEZ DÉNICHÉ LE REPAIRE DES ACTIVISTES INDIENS QUI NOUS POURRISSENT LA VIE DEPUIS TANT D'ANNÉES...

JE VOUS AI MIS À DISPOSITION UNE ESCOUADE D'ÉLITE POUR VOUS APPUYER LORS DU COUP DE MAIN.

J'AI BOSSÉ AVEC DES HUMAINS QUAND J'ÉTAIS DANS LES SWAT, ET JE N'AI PLUS LA MOINDRE CONFIANCE EN EUX. TROP SENSIBLES...

VOUS NE COMPTEZ TOUT DE MÊME PAS DÉLOGER LES TERRORISTES TOUTE SEULE ?

MES PARTENAIRES SONT DANS CES CAISSES SCELLÉES.

CROYEZ-MOI, ILS FONT TOUJOURS CE QUE JE LEUR DEMANDE.

23.

TU ES PRÊT, PÉPÉ ?

TU PEUX LANCER LA CONNEXION.

BONJOUR À TOUS. CE POW-WOW EST UNE GRANDE PREMIÈRE DANS L'HISTOIRE DES TRIBUS INDIENNES.

SI NOUS NOUS METTONS ENFIN TOUS D'ACCORD, NOUS PARVIENDRONS À LUTTER PLUS EFFICACEMENT POUR LA RECONQUÊTE DE NOS TERRES.

NE VOUS INQUIÉTEZ PAS, LE CONSEIL VIRTUEL FONCTIONNE.

25

VOYONS, MADAME ARCADINOWITZ, CE N'EST PAS PRUDENT...

VOUS NE PARVIENDREZ PAS À ME CULPABILISER, DOCTEUR. ALLEZ, VIENS, YITZHAK.

J'ARRIVE, MAMAN.

MAIS...

IL N'Y A PAS DE MAIS.

J'AI FAIT INSTALLER À LA MAISON TOUT CE QU'IL FAUT POUR QUE MON FILS RÉCUPÈRE AU MIEUX. SANS RISQUE D'INFECTIONS NOSOCOMIALES NI D'ATTENTAT !!

...

BONNE JOURNÉE, DOCTEUR.

INSTALLE-TOI BIEN, YITZHAK. MAMAN S'OCCUPE DE TOUT. J'AI FAIT LIVRER À LA MAISON LE MATÉRIEL QUE TU ÉTAIS PARTI CHERCHER LE JOUR MAUDIT.

JE T'AI AUSSI RACHETÉ UN PORTABLE. J'AI DEMANDÉ AU VENDEUR CE QUI SE FAISAIT DE MIEUX !

MERCI, MAMAN.

J'AI RÉUSSI À SORTIR LA CARTE DE L'ANCIEN... J'ESPÈRE QU'ELLE MARCHE ENCORE.

TU CORRESPONDS ENCORE AVEC CE GOY SANS LE SOU ? IL A UNE MAUVAISE INFLUENCE SUR TOI.

TIENS, UN MESSAGE DE MATTÉO.

Matteo
viré jeu par meuf
Plu axè net
J rviens o+ to

26.

TU SAIS TRÈS BIEN QU'ON TRAVAILLE ENSEMBLE. C'EST MON AMI.

COMMENT PEUX-TU LE SAVOIR ? TU NE L'AS JAMAIS RENCONTRÉ.

SI, SUR LE RÉSEAU.

CE N'EST PAS SUFFISANT POUR VOIR CE QU'IL A VRAIMENT DANS LES YEUX.

MOI JE DIS QUE TU DEVRAIS T'EN SÉPARER, OU BIEN UN JOUR, TU T'EN MORDRAS LES DOIGTS.

TU NE PEUX PAS COMPRENDRE...

TU TROUVES TA MÈRE TROP VIEILLE. OU TROP BÊTE, PEUT-ÊTRE ?!

JE N'AI JAMAIS DIT ÇA, MAMAN.

MAIS TU L'AS CLAIREMENT SOUS-ENTENDU.

MERCI D'ÊTRE VENUE ME CHERCHER, MAMAN !

JE FAIS TOUT POUR LUI ET ÇA NE SUFFIT ENCORE PAS.

ELLE ME RENDRA DIN-GUE...

SLWAM!

UN PETIT TOUR DANS LE FAUX ME DÉTENDRA UN PEU...

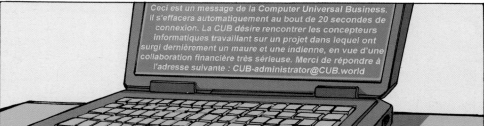

Ceci est un message de la Computer Universal Business. Il s'effacera automatiquement au bout de 20 secondes de connexion. La CUB désire rencontrer les concepteurs informatiques travaillant sur un projet dans lequel ont surgi dernièrement un maure et une indienne, en vue d'une collaboration financière très sérieuse. Merci de répondre à l'adresse suivante : CUB-administrator@CUB.world

27.

29

DÉMENT...

LA FRAÎCHEUR DE L'EAU PROVOQUE MÊME LA CHAIR DE POULE...

ON NE SE CROIRAIT VRAIMENT PAS DANS LE FAUX.

ON ESSAYE DE PENSER À UN MAXIMUM DE DÉTAILS.

MATTÉO ?!!

NON, L'AUTRE. YITZHAK ARCADINOWITZ...

...MAIS TOUT LE MONDE M'APPELLE ARCADY.

MATTÉO FAIT LE DESIGN ET TOUT L'ENVIRONNEMENT GRAPHIQUE TANDIS QUE JE M'OCCUPE DE LA PROGRAMMATION.

TOUT LE MATOS EST CHEZ MOI ET LUI SE BRANCHE EN DÉRIVATION.

JE PEUX ?...

PARDON, JE ME RE-TOURNE...

LA RETRANSCRIPTION NUMÉRIQUE DES CORPS EST TELLEMENT INTIME QUE C'EN EST UN PEU GÊNANT.

JE PEUX PRENDRE ÇA COMME UN COMPLIMENT, J'ESPÈRE.

J'AI CONFIGURÉ LE PROGRAMME POUR QU'IL CARACTÉRISE LES AVATARS AU PLUS PROCHE DE LA PERSONNALITÉ DES ARRIVANTS...

... JE CROIS QUE JE ME SUIS PAS MAL DÉMERDÉ.

NOTRE BUT, C'EST D'INNOVER, HISTOIRE DE NOUS DÉMARQUER DES JEUX BEST-SELLERS, TOUS CONSTRUITS SUR LE MÊME MOTEUR.

COMME SI LES MOYENS FINANCIERS LIMITAIENT L'IMAGINATION...

28

DEPUIS QUE J'AI REÇU TES GHOST-CODES IL Y A TROIS JOURS, J'AI EU LE TEMPS D'ADMIRER LA PERFORMANCE TECHNIQUE.

DANS NOTRE MONDE, LE TEMPS PASSE PLUS VITE QUE DANS LE VRAI.

MAIS, DANS CE DERNIER, ON EST QUE DEUX À BOSSER, ALORS C'EST LONG...

LA GRANDE NOUVELLE, C'EST QU'EN ME CONNECTANT J'AI LU UN MESSAGE DE LA CUB QUI NOUS PROPOSE SON SOUTIEN !

HMMM, JE L'AI LU AUSSI. VISIBLEMENT C'EST UNE TRANSMISSION MONDIALE.

J'AI HÂTE D'EN PARLER À MATTÉO !! C'EST LA CHANCE DE NOTRE VIE.

...TU FAIS COMME TU LE SENS MAIS À TA PLACE, JE ME MÉFIERAIS. CETTE ENTREPRISE EST UN CHAROGNARD MONDIA-LISTE SANS PITIÉ !

C'EST EN CRACKANT UNE DE LEURS FILIALES DE HARDWARE À MEXICO QUE LEUR CHEF DE LA RÉSEAU-SÉCURITÉ M'EST TOMBÉ DESSUS.

ELLE EXPLOITE LES PAYS PAUVRES COMME AUCUNE AUTRE, ET TOUT ÇA POUR AMUSER LES CONSOMMATEURS NANTIS !

ILS N'ONT AUCUNE PITIÉ POUR LES PETITS ET UNE FOIS QU'ILS VOUS AURONT VIDÉ, ILS VOUS LAISSE-RONT POURRIR SANS ÉTAT D'ÂME. BIEN SÛR, IL VOUS RESTERA DES VILLAS ET DU POGNON...

MAIS ILS NE VOUS AURONT FINALEMENT LAISSÉ RÉALISER QUE LE GENRE DE JEUX QUE TU DÉNIGRAIS TOUT À L'HEURE.

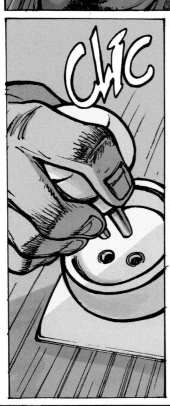

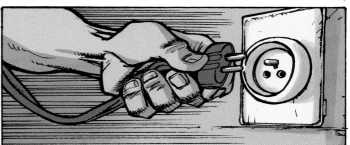

OUBLIE CE QUE JE VIENS DE DIRE, STEUPLÉ. JE NE SAIS PAS CE QUI M'A PRIS, C'EST RIDICULE.

NE T'EXCUSE PAS, TU AS LE DROIT D'AVOIR TON POINT DE V...

30.

SURPRISE !!!

BONJOUR, MATTÉO...

SALUT, ARCADY.

JE VOUS MANQUAIS TELLEMENT QUE VOUS AVEZ RÉUSSI À REVENIR, C'EST ÇA ?

NON, PAS DU TOUT, MATTÉO, JE...

VOUS VOUS SOUVENEZ MÊME DE MON PRÉNOM. JE SUIS TOUCHÉ.

C'EST MOI QUI LUI AI COMMUNIQUÉ LES CODES D'ACCÈS.

BONNE IDÉE, ARCADY, MERCI !

VENEZ, JE VAIS VOUS FAIRE VISITER PLUS SEREINEMENT QUE LA DERNIÈRE FOIS.

C'EST MOI QUI AI TOUT DESIGNÉ, VOUS SAVEZ.

HUM !

N'EXAGÈRE PAS...

ON A TOUT DE MÊME DÉFINI LA CHARTE GRAPHIQUE ENSEMB...

IL A ÉTÉ DÉCONNECTÉ ?

ÇA ARRIVE...

C'EST LE SIGNE QU'ON EST FAIT POUR RESTER TOUS LES DEUX.

31.

MAMAN, C'EST TOI QUI AS FAIT SAUTER LES PLOMBS ?!!

LES INFOS VIENNENT DE DIRE QU'IL Y AVAIT EU UN ATTENTAT À LA CENTRALE DE RAMLA.

RETOURNE À TES MACHINES, MON FILS, JE VAIS BRANCHER LE GÉNÉRATEUR.

DANS LE VRAI, TU VEUX DIRE ?

BEN NON, JE N'AI PAS DE COPINE, XALCA. DÉCIDÉMENT, J'ADORE TON PRÉNOM...

MAIS PARLE-MOI PLUTÔT DE TOI.

JE NE SAIS PAS QUOI TE DIRE.

EH BIEN, TOUT! ... EN COMMENÇANT PAR LE DÉBUT.

PAS TROP TÔT...

Connexion impossible !

ET MERDE... LE COURT-JUS A TOUT DÉCONFIGURÉ !!

...ILS NE SAVENT PARLER QUE D'ARMES, DE RÉVOLUTION, DE TERRES VOLÉES.

EN GROS, TOUS LES GARÇONS QUE TU CONNAIS SONT CHIANTS, C'EST ÇA ?

NON, NON !!

32.

34

NON MAIS OUI... SOIS HONNÊTE AVEC TOI-MÊME.

SI JE N'AVAIS PAS LE RÉSEAU, JE SERAIS SÛREMENT COMME EUX...

HMMM...

MAIS C'EST LÉGITIME, QUAND MÊME. SEULEMENT, ILS SONT TELLEMENT ENFERRÉS DANS LEUR PETIT MONDE QU'ILS SE SCLÉROSENT COMPLÈTEMENT.

MÊME SI J'ADORE MON GRAND-PÈRE ET QUE JE SUIS D'ACCORD AVEC LUI, C'EST ÉVIDENT QU'IL M'A CONDITIONNÉE.

DÈS QUE JE PARLE DE CAPITALISME, JE DEVIENS AGRESSIVE. ET POURTANT, IL M'ARRIVE DE RÊVER SUR LES SITES DES GRANDS MAGASINS.

C'EST NORMAL...

POURQUOI ?

PARCE QUE TU ES UNE FILLE !

ET ALORS ?! TOUTES LES FILLES NE SONT PAS PAREILLES !! C'EST UN ARGUMENT TYPIQUEMENT PHALLOCRATE QUI...

TU ES TELLEMENT JOLIE QUAND TU T'ÉNERVES...

PAS TROP TÔT !! J'ESPÈRE QU'ELLE NE SERA PAS PARTIE...

35.

TOUTES VOS CIBLES SECONDAIRES SONT LOCKÉES.

C'EST BIEN, MES PETITS.

ET LE COMPTE À REBOURS DE MISTER CUB ARRIVE À SA FIN.

COMME PRÉVU, CE GROS NULLARD DE CAPO N'EST ARRIVÉ À RIEN.

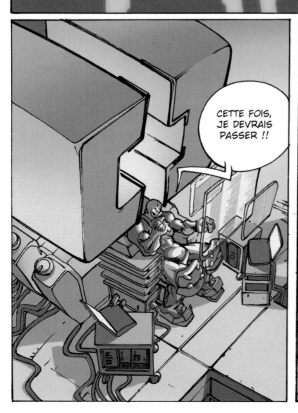

CETTE FOIS, JE DEVRAIS PASSER !!

RIEN À FAIRE, LE TYPE QUI A CONÇU CES PROTECTIONS RÉVOLUTIONNAIRES EST GÉNIAL !!

POURTANT, DANS LEURS COSTUMES DE JEU DE RÔLE, ILS AVAIENT L'AIR PLUTÔT CRÉTINS...

J'AI PEUT-ÊTRE ENCORE UNE CHANCE DE COURT-CIRCUITER CETTE OPPORTUNISTE DE BILESHA.

00:00:02

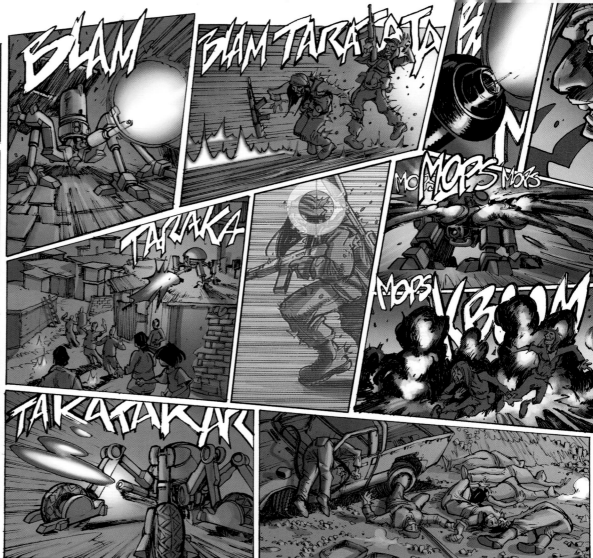

BLAM

BLAM TARA

MORS MORS MORS

MORS BOOM

TARAKA

TARARARARA

BLAM !!

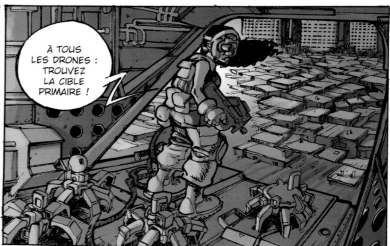

À TOUS LES DRONES : TROUVEZ LA CIBLE PRIMAIRE !

35.

36.

BRAKAM

CRASAK!

PAS TROP TÔT...

VOYONS VOIR S'ILS SONT ENCORE LÀ... ET SI OUI, OÙ ?

ZONE K9.

ALLONS LEUR FAIRE UNE SURPRISE !

37.

UNE BONNE CHOSE DE FAITE.

IL N'Y A PLUS QU'À LES TROUVER, MAINTENANT...

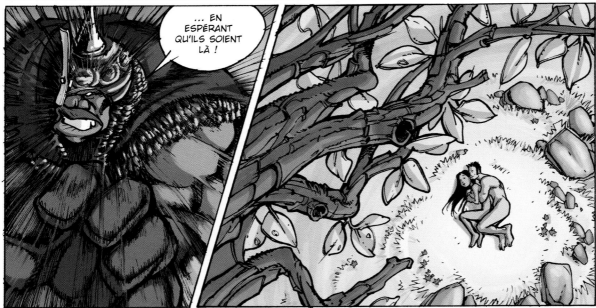

... EN ESPÉRANT QU'ILS SOIENT LÀ !

ÇA CASSE DES BRIQUES, HEIN ?

OUI, MON GRAND. TU AS ÉTÉ PARFAIT.

ATTENTIF ET PASSIONNÉ ET SENSUEL ET UN PEU SAUVAGE QUAND IL FAUT.

ARCADY EST DÉFINITIVEMENT LE CHAMPION DU MONDE DE LA PROGRAMMATION ! IL FAUDRA QUE JE LE FÉLICITE.

BON, DÉSOLÉ MA BELLE, MAIS IL FAUT QUE JE FILE, LÀ ! ÇA LA FOUTRAIT MAL SI J'ÉTAIS PAS LÀ QUAND ELLE SE RÉVEILLE LE PREMIER MATIN.

ÇA, C'EST NORMAL. MAIS JE PARLAIS DU RÉALISME DES SENSATIONS...

MAIS, TU M'AVAIS DIT QUE...

HEU... À PLUS!

MATTEO...

41

BONJOUR, MONSIEUR. SERIEZ-VOUS PAR HASARD LE CONCEPTEUR DE CET UNIVERS VIRTUEL ?

ON PEUT DIRE ÇA COM-ME ÇA.

DANS CE CAS, LA CUB QUE JE REPRÉSENTE A UNE PROPOSITION TRÈS INTÉRES-SANTE À VOUS FAIRE.

TE FATIGUES PAS, VA...

CAPO ?!!

JE L'AI DÉJÀ MIS AU COURANT.

44.

HEUREUX DE VOUS VOIR AU SIÈGE, MONSIEUR ARCADINOWITZ.

SI VOUS VOULEZ BIEN ME SUIVRE... MISTER CUB VOUS ATTEND.

N'HÉSITE PAS, MON CHÉRI. TU PRENDS LA BONNE DÉCISION.

SLAM

contrat entre les parties soussigné...
Computer Universal Business,
société anonyme immatriculé...

i-après désigné : "CUB

Et Monsieur Yitzhak Arcadinowitz

ci-après désigné : "le concepteur"

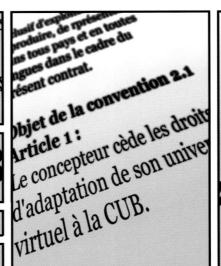

...usif d'explo...
...produire, de r...
...ns tous pays et en toutes
...ngues dans le cadre du
...résent contrat.

Objet de la convention 2.1
Article 1 :
Le concepteur cède les droit...
d'adaptation de son univer...
virtuel à la CUB.

Le concepteur occupera un rôle de chef de produ... à la tête d'une équipe désignée ...ar la CUB.

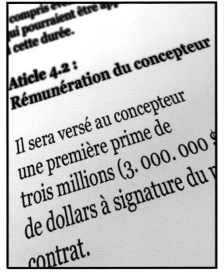

...compris ev...
...ui pourraient être a...
...cette durée.

Aticle 4.2 :
Rémunération du concepteur

Il sera versé au concepteur une première prime de trois millions (3. 000. 000 $ de dollars à signature du ... contrat.

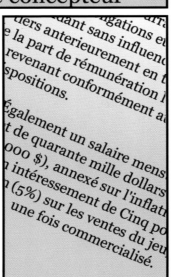

...gations e...
...ders anterieurement en t...
...e la part de rémunération i...
...revenant conformément a...
...spositions.

...galement un salaire mens...
...t de quarante mille dollars
...000 $), annexé sur l'inflat...
...n intéressement de Cinq po...
...(5%) sur les ventes du jeu...
...une fois commercialisé.

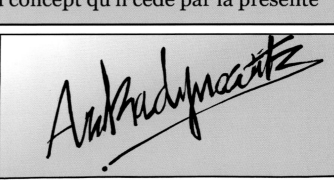

3.000... CUB$
10.000 $

Le concepteur déclare solennellement

être le seul inventeur

du concept qu'il cède par la présente

Le concepteur
Yitzhak Arcadinowitz

A SUIVRE

Fictions

MATTÉO

Nom : Succo
Prénom : Mattéo

Nationalité : Française
Âge : 21 ans

Taille : 1m73
Poids : 61 kg

Métier : Néant
Loisir : Dessin, internet, piscine

Après une scolarité chaotique, il a décidé de vivre de son art : le graphisme. Mais comme passer son temps à rechercher des clients le fatiguait trop, il s'est inscrit au Revenu Minimum d'Existence. Il travaille depuis sur un projet secret de monde virtuel..

XALCA

Nom : Ultranza
Prénom : Xalca

Nationalité : Indienne
(n'a jamais été recensée par les autorités méxicaines)
Âge : 19 ans

Taille : 1m65
Poids : 47 kg

Métier : Néant
Loisir : Internet, lecture

Fille unique d'un célèbre révolutionnaire exécuté par l'armée mexicaine pour sa participation à la révolution pour la liberté indienne, elle vit dans la clandestinité avec les survivants du mouvement, dans un bidonville des hauteurs de Mexico. Active auprès des siens, elle se sent parfois prisonnière et rêve en secret d'une vie plus "vivante".

ARKADY

Nom : Arcadinowitz
Prénom : Yitzhak

Nationalité : Israélienne
Âge : 23 ans

Taille : 1m82
Poids : 70 kg

Métier : Néant
Loisir : Internet, internet, et internet

Malade quand il était petit, Yitzhak a toujours été couvé par sa mère, et cela d'autant plus depuis l'assassinat de son père par des extrémistes d'on ne sait quel camp. Sa seule échappatoire était le réseau, et il en est vite devenu un des cracks. Son talent est reconnu aux quatre coins du monde.

Nom : C
Prénom :

National
Âge : 33

Taille : 1
Poids : 2

Métier :
Univers
Loisir :
serpent

*Né la m
Taffe, s
de la PI
à Harva
grimper
que ce
pendant
ses sys
ses puc
public. M
élitiste
en plus*